Odysseus' Ho... ...*ng*

(Il Rimpatrio d'Odysseo)

a poem
(*una poesia*)

by

Bahman Sholevar

Traduzione Italiana

da

Costabile A. Cilento
(e dall'autore)

Philadelphia
CONCOURSE PRESS
2009

Major Books by Bahman Sholevar
Libri importanti di Bahman Sholevar

Poetry (Poesía)

- حماسهٔ مرگ ، حماسهٔ زندگی (Tehran: 1960)
- *Making Connection: Poems of Exile* (Philadelphia: 1979)
- *The Angel with Bush-Baby Eyes and other poems* (1982)
- *The Love Song of Achilles and other poems* (1982)
- *Odysseus' Homecoming* (Philadelphia: 1982)
- *The New Adam: Poems of Renewal* (Philadelphia: 1982)
- *Rooted in Volcanic Ashes* (Philadelphia: 1988)
- *Il Rimpatrio d'Odysseo/ Odysseus' Homecoming* (Italian-English Edition) (Philadelphia: 2009)

Novel (Romanzo)

- سفرشب (Tehran: 1967)
- *The Night's Journey& The Coming of The Messiah* (1984)
- *Dead Reckoning* (English Original) (Philadelphia: 1992)
- *A LA DERIVA* (Spanish Translation) (Philadelphia: 2009)
- *ALLA DERIVA* (Italian Translation) (Philadelphia: 2009)
- *À La Dérive* (French Translation) (Philadelphia: 2009)
- بی‌لنگر (Persian Translation) (Philadelphia: 2009)
- سفرشب (Philadelphia: 2009)

Criticism (Critica)

- *The Creative Process: A Psychoanalytic Discussion* with William G. Niederland (Philadelphia: 1984)

Translation into Persian

- *The Sound and Fury* of William Falkner (Tehran: 1959)
- *The Waste Land* of T.S. Elliot (Tehran: 1961, 1964, 2007)

Odysseus' Homecoming

(*Il Rimpatrio d'Odysseo*)

a poem
(*una poesia*)

Odysseus' Homecoming

Odysseus, the steadfast man,
versatile, deliberate,
man of destiny, man of woe,
master of battle and of war,
has fulfilled Teiresias'
sooth and the will of
Zeus, the grim King,
and has now come home,
home to stony Ithaca,
alone, friendless.

Alone he has survived
the headlong death,
the western gloom,
and the unnumbered dead.
Alone he has endured
the long war and
the lordly water, fought
the blue-maned god of the sea,
to save his own life and bring
his shipmates home, alive.

Alone he has crossed
the Western Ocean on a raft,
his metal proven seaworthy,
Odysseus, the great wanderer,
master mariner and soldier,
adventurer and king,
has now come home where
he ate bread in childhood,
and took joy of life.

Il Rimpatrio d'Odysseo

Odysseo, l'uomo forte,
versatile, deliberato,
uomo del destino, uomo di prove,
maestro di battaglie e di guerra,
ha realizzato la profezia di Teresia
e la volontà di Giove, il tetro Re,
ed ha raggiunto la Patria,
la casa sull'Itaca pietrosa,
solo e senza fedeli.

Solo ha sopravvissuto
l'implacabile morte,
l'abbuiarsi a ponente
e gli innumerevoli caduti.
Solo ha sopportato una guerra
interminabile, battagliato
un mare disdegnoso
e il suo ceruleo - chiomato Iddio,
per salvare la sua vita e condurre
in patria, vivi, i suoi compagni.

Solo ha salpato
il Mar di Ponente su una zattera,
la sua fibra d'acciaio e degna del mare,
Odysseo, il grande vagabondo,
maestro nocchiero e soldato,
avventuriero e re,
è giunto in patria dove
da infante mordeva il pane
e si godeva la vita.

Alone surviving
the nymph's flesh,
the sorceress' magic,
and the siren's song,
now he has made shore,
in the twentieth year,
come to home and wife,
he who had long hungered for both,
now weary with old age,
looking forth to that
soft seaborne death,
promised him by Zeus
through Teiresias'
bloodthirsty sooth.

Having brought bawdy death
in one bloody swoop
to the beef-eating suitors,
and the fun-loving maids,
with a little help from
his friend, Zeus's virgin child,
the grey-eyed goddess,
now he stands upon
his fields of home, upon the
threshold of his timbered hall,
Odysseus, master of disguises,
master of the tall tale,
now shedding the disguise
and the tale, bared
to his naked flesh and
the wild boar's wound
stands godlike against
the pillar of the well-wrought
roof stands before

Da solo sopravvisse
la carnalità della ninfa,
il magico della maga,
il canto delle sirene,
e ora finalmente
ha raggiunto,
dopo vent'anni,
patria e sposa.

Egli da lungo affamato di entrambe,
ora stanco, di vecchia età, impaziente
per la dolce morte sul mare
promessagli da Giove
con la cruenta
profezia di Teresia.

Avendo fatto oscena strage,
e di un sol sanguinoso colpo,
dei gozzoviglianti corteggiatori,
e delle allegre donzelle
con un po' d'aiuto dalla sua amica,
la vergine figlia di Giove,
la dea dagli occhi grigi,
egli domina su i campi paterni,
all'entrata del palazzo austero,
Odysseo, maestro di finzione,
maestro di grandi narrazioni,
abbandona la maschera
e le finte parole,
nudo ed esponendo la ferita
dell'orso selvaggio,
come un dio contro
le colonne del tetto
reale, ergendosi

the mistress of the household,
Penelope of the milk-white arms,
weaving at the master loom.

But there is no astonishment
in that Queen's face, nor joy,
nothing but sorrowful content
at the indifferent task
of weaving a death shroud
for his long-gone Lord's father.
He looks on and she weaves,
not looking up from her loom
at the beggar now trans
formed into a king,
she who has not had the use too long
of either a beggar or a king,
she who has lacked
so much so long
the very taste buds have
faded from her memory.
Who is that man, she asks.
Is it thanks he wants
for the killing of my suitors?
Or is it some other bounty?
The answer fails her.
Everyone knows him but her;
everyone takes joy of him,
for he has things to give,
to everyone but her.
To the swineherd,
he will give swine,
to the cowherd, cows, tenfold,
and fine shirts and cloaks,
and lances to keep dogs at bay;

di fronte alla regina della casa,
Penelope, dalle braccia color di latte,
tessendo al telaio gigante.
Ma non c'è sorpresa
nel viso della regina, né gioia.
nulla che mesta contentezza
per l'ordinario lavoro di tessere
un sudario per il padre
del suo Signore da lungo assente.
Lui la guarda e lei tesse
senza sollevar gli occhi dalla tela
al pezzente ora
trasformato in re,
lei che da tanto non conosceva
né pezzenti né re,
lei cui tanto era stato negato
che persino le sue papille avévano
perduta la memoria dei sapori.
"Chi è quell'uomo?" Lei si chiede.
Vuole grazie per la strage
dei miei pretendenti?
O qualche altra mia generosità?
La risposta non le viene.
Ognuno lo conosce ma non lei,
ognun gode la sua vista,
perché lui ha molto da dare
a tutti eccetto che a lei.
Al guardiano dei porci
egli darà porci, al vaccaio
vacche, dieci volte,
e rifinite camicie e mantelli
e lance per tenere i cani a baia.

and to them he will give houses,
and young women to wed.
The old nurse will have her joy
of the infant Odysseus
and his telltale boar's wound.
She will have bracelets
and anklets of hammered gold,
and embroidered slippers,
and the price of twenty oxen
Laertes had paid for her purchase.
Telemachus will have his
patrimony, and a king for a father,
a strong Odysseus to defend him.
But what is he bringing her?
Her lost carriage and comeliness,
her faded beauty and youth,
all gone because of
Helen's easy virtue?

And there Odysseus stands,
master of many crafts,
master of stratagems,
master of subtle ways
and straight, the wily master
of sea ways and of land ways,
master of the spoken word,
for once the words failing him,
for once without speech, before
this silent majestic queen,
weaving at her loom,
who will not be awed
by his manly warrior's flesh,
nor by his wild boar's wound,

Ed a tutti darà case
e giovani spose in marito.
La vecchia nutrice riavrà
la gioia dell'infante Odysseo
e la rivelante ferita dell'orso.
Lei avrà braccialetti
e cavigliere d'oro battuto
e scarpette ricamate
e il prezzo dei venti buoi
che Laerte aveva pagato per lei.
Telemaco riavrà le sue ricchezze
e per padre un re, il forte
Odysseo per difenderlo.
Ma che doni ha egli per lei?
L'antico portamento e la sua avvenenza,
la gioventù svanita e la bellezza,
tutto scomparso a causa
d'Elena facili virtù?

E lì si erge Odysseo
maestro di mille astuzie,
mastro di stratagemmi,
maestro di modi elusivi
e diretti, lo scaltro signore
delle vie del mare e della terra,
padrone di quella parola
che ora gli fallisce,
per la prima volta senza favella
al cospetto della silente maestosa regina
tessendo al suo telaio,
né intimorita né riverente
della sensualità di quest'uomo guerriero,
né della ferita dell'orso selvaggio,

nor by his shock of arms,
nor his skill in the art of death.

There he stands on his own threshold,
the lord of the tall house,
the patient hero, steady, quiet,
yet wounded in his deep heart,
waiting to be acknowledged,
beggar or king, waiting
to be reckoned with.
And at last he speaks:

"Mistress and Queen!
It is I, Odysseus,
the look and bulk of him,
not a beggar, who stands
before your knees,
demanding recognition,
demanding justice.
No way in this world is Odysseus dead,
nor another Odysseus will ever come,
for he and I are one,
the girlhood husband
you have so long lacked.
Twenty years I have fought
dark headlong death.
Long have I cleaved my way
through the wars of men.
The wine dark sea has had
its will with me long.
This is a cold homecoming,
indeed, for a brave king,
for a man who has long
hungered for wife and home,
who has breasted the broadback sea

né della potenza delle sue armi,
né della sua destrezza nell'arte della morte.

Lì egli si erge sulla soglia,
signore dell'alta magione,
l'eroe paziente, fermo, quieto,
ma ferito nel profondo dell'anima,
aspettando di essere riconosciuto,
pezzente o re, aspettando
di essere considerato.
E infine éi parla:

"Signora e Regina!
Son io, Odysseo,
io stesso in persona,
non un pezzente, dritto
al tuo cospetto,
chiedendo riconoscimento,
domandando giustizia.
Di certo Odysseo non è morto,
né un altro Odysseo verrà giammai,
giacché egli ed io siamo uno,
lo sposo della tua fanciullezza,
quello che hai agognato da anni.
Per vent'anni ho combattuto
la morte nera e implacabile.
Per lungo tempo mi son forzata la via
tra le guerre degli uomini.
Il vinoso mare ha fatto di me
per lungo tempo suo trastullo.
Questo è davvero un gelido
benvenuto, per un re coraggioso,
per un uomo che ha desiderato
a lungo la sposa e la sua dimora,
che ha affrontato le ondate del mare

and challenged the willful gods,
to see once more the hearth smoke
leaping upward from his roof.
Indeed, the immortal gods
must have made you hard,
put an iron heart in your breast,
to stand thus aloof from
your lord and king, come home
to you in the twentieth year."

And the Mistress and Queen
replies, majestic and cold:

"That you are Odysseus,
my girlhood husband and my king,
whom I have long bitterly needed,
I know and I grant.
But demand nothing more of me,
who have nothing more to give.
What your will is demand,
not from me but from
the easeful gods,
whose favorite you are,
and who can give what
your heart may desire."

And Odysseus, the kingly man,
smiled a self-endearing smile,
content for now to have been recognized:

"Mistress! Gods have given
their share. They delivered to me
and to the flowing-haired Achaeans,
in the tenth year of our siege,

e sfidato gli dei ostinati
per vedere ancora una volta
il fumigare del suo comignolo.

Invero, gli dei immortali
ti hanno reso spietata
e messo nel tuo petto un cuore d'acciaio
se tu ti mantieni cosi distante
dal tuo signore e re finalmente
giunto alla sua casa dopo vent'anni."

E la sua Signora e regina
replica, maestosa e fredda:

"Che tu sia Odysseo,
lo sposo della mia fanciullezza e mio re,
di cui ho da tanto e amaramente avuto bisogno,
lo riconosco e ammetto.
Ma chiedimi più nulla
perché ho più nulla da dare.
Ciò che il tuo desiderio è domanda
non da me, ma
dai prodighi dei,
di cui favorito tu sei,
otterrai come
il tuo cuore aspira.

E Odysseo, l'uomo regio,
sorrise di un avvincente sorriso,
contento per ora di essere stato riconosciuto.

"Signora! Gli dei hanno fatto le loro parti.
Essi donarono a me e ai chiomati Achei,
nel decimo anno del nostro assedio,
la città di Priamo e le superbe acropoli

Priam's city and proud Ilion's
citadel, for which I will burn many
a fat thighbone on Zeus's altar.
And this day they have delivered
into my hands the swinish suitors
who had wished to sleep in my soft bed,
and whom I have killed in triumph,
for which a hecatomb is due
Athena and the immortal gods.
Now I await what only a woman
can give, and no god."

And the Queen makes
indifferent answer:

"Odysseus! It is justice you want.
And justice you will have,
none from my hand,
nor from my heart.
A queen's justice is not
a king's, to love one at will,
and abhor another at whim.
Ask not for my thanks for
the killing of my suitors
and the slaughter of my maids.
For four years now, had those
suitors been my only joy,
waiting upon my runaway youth,
attending my every favor,
mirroring in their glad eyes
my fading beauty. I did not
dishonor your marriage bed of oak.
They had not their wish of me.

d'Ilio, per cui offrirò sull'altare di Giove
l'olocausto di cento cosce grasse.
E gli dei hanno oggi messo
nelle mie mani i tuoi luridi corteggiatori
che avevano sperato di dormire
nel mio soffice letto,
e che io ho trionfalmente ucciso
e per cui un'ecatombe è dovuto
ad Atena e agli dei immortali.
Ora aspetto solo quello che una donna
può dare e non un dio."

E la Regina indifferente
risponde:

"Odysseo, se giustizia vuoi,
giustizia avrai,
ma né dalle mie mani
né dal mio cuore.
La giustizia di una Regina
non è quella di un Re, amare
a volontà e aborrire a capriccio.
Non chiedermi grazie per l'uccisione
dei miei ammiratori e aspiranti alla mia mano
e la strage delle mie donzelle.
Son quattr'anni ora, quegli ammiratori
son stati la mia unica gioia,
servi della mia gioventù svanente,
favorendo ogni mio desiderio,
rispecchiando nelle pupille felici,
la mia beltà scemante. Io non disonorai
il quercino letto delle nostre nozze.
Il loro desiderio non mi vinse.

But I had my modest joy
in their carefree faces,
and in their boisterous ways.
I who lacked Clytemnestra's gumption
and Helen's gall, nevertheless,
had my desires in my fancy.
Night after night I mused on
their gleaming looks, caressed
in fancy each scarce-bearded face.
And gods in their mercy sent
pleasant dreams through ivory gates,
to warm my pure cold sheets.
Those suitors you killed, Odysseus,
they were the fat geese of my dreams.
Demand no thanks from me
for the killing of my geese."

And Odysseus, the patient hero,
the noble and enduring man,
whom they compared even to the gods,
stood cold as a stone,
yet felt the burning of
the blood in his iron veins.
Must he drink wormwood and bear
insult under his own roof?
His words when he spoke were
calm and cold, yet they were
the words of a sceptered king,
one whose wrath one may well heed:

"Queen! These are bold words
to speak to one's Lord and King.

Ma io ritrovai la mia modesta gioia
nelle loro spensierate facce
e nei loro modi chiassosi.
Io, senz'aver di Clitemnestra la grinta
o l'impudenza d'Elena, ebbi nondimeno
i miei desii appagati nella mia fantasia.
Notte dopo notte contemplai i loro sguardi
rilucenti e carezzai nei miei sogni
le loro facce coperte di lieve peluria.
E gli dei, nelle loro mercé, mi concessero
sogni piacevoli tra porte d'avorio
per riscaldare le mie fredde ma pure lenzuola.
Odysseo, gli aspiranti alla mia mano che tu uccidesti
erano le oche grasse dei miei sogni.
Non chiedermi grazie
per la strage delle mie oche."

E Odysseo, l'eroe paziente,
il nobile e durevole uomo,
paragonato perfino agli dei,
restò fermo e freddo come una roccia,
ma avvertì il fuoco del suo sangue
nelle sue vene d'acciaio.
Dovrebbe egli bere un assenzio e soffrire
gli insulti sotto il tetto di sua casa?
Le sue parole, quando finalmente parlò,
erano calme ma gelide, e per di più
le parole di un re con lo scettro in pugno,
e la cui l'ira è da temersi:

"Regina! Queste son parole audaci
che tu pronunci a un Re e Signore.

You would be well advised to be wary.
It is impiety to gloat over the dead,
but would you mourn the rutting suitors,
fat on my meat, and their harlots,
to the gall of your own lord?
Or is it that you and the gods
are still testing my forbearance?
Must Laertes' son be once more offended?
Have I not had enough?
what with the Cyclops' fury
and Poseidon's willful ways?
For ten years I suffered
on Troy's wide seaboard,
and for ten more I wandered,
on the winedark sea, beating
my way home, while Poseidon
spun dark days for me.
Have I survived the suitors' deadly
broadswords and keen spears
to this here cold homecoming
and a wife's brazen words?"

And the queen of the milkwhite arms,
the dear cunning Penelope,
not even looking up from the loom,
still weaving, replied:

"What will you do, Odysseus?
Will you kill me, too?
Will you burn out my eyes?
You have had your reward
more than I, or any mortal
can give. You alone, of all men
have tasted the nymph's cool flesh

Sarebbe consigliabile essere prudente.
È un'empia azione concupire i morti,
ma piangeresti tu i tuoi corteggiatori in fregola,
impinguiti dalle mie greggi e le loro meretrici,
nonostante le amarezze al tuo Signore?
O tu e gli dei ancor tentate di aver
prove della fortitudine mia? Deve di
Laerte il figlio essere ancora una volta offeso?
Non ne ho avuto io abbastanza
con la furia dei Ciclopi
e i maligni sotterfugi di Nettuno?
Per dieci anni ho sofferto
sull'ampia sponda di Ilio
e per dieci ancore ho vagato
sul villoso mare forzando
la mia via alla mia patria, mentre
Nettuno tesseva giorni neri per me.
Ho io sopravvissuto le larghe lame
e le aguzze lance dei tuoi corteggiatori
per questo freddo benvenuto
e le sfrontate parole di una moglie?"

E la Regina dalle lattee braccia,
la cara astuta Penelope,
senz'alzar gli occhi dal telaio
e ancor tessendo, replicò:

"Che farai tu, Odysseo?
Ucciderai anche me?
Mi accecherai col palo rovente?
Tu hai avuto le tue ricompense molto più che io,
o più di quello che un mortale può dare.
Tu solo, tra tutti gli uomini,
hai assaporato la fresca carne della ninfa

and the sorceress' lust, lying
in Circe's flawless bed of love,
in an island, in the running sea.
You alone, of all mortals,
have heard the sirens' song,
and have lived to tell.
You have had your will
with the proud height of Troy,
have sacked Ilion's holy shrine,
have lorded it over King
Priam's fallen city, lying with
many a conquered king's daughter.
Was Nausicaa of sunbright hair
kind to you on that riverbank,
before she led you on
to her father's gilded hall?

"Odysseus, you have fulfilled
your destiny and Zeus's will,
going to war to Ilion on an ill wind.

"But what was my destiny?
Weaving away my life,
my beauty and my youth,
until dark death came for me?
Many a night I sat alone,
under the full moon,
by the halfmoon bay,
cursing Helen's beauty
and my own youth,
shedding salt tears
into the salt sea.
Twenty years is a dog's
lifetime and the fading time

e la sessuale cupidigia della maga, giacendo
nell'impeccabile letto amoroso di Circe,
su un'isola nel distante mare.
Tu solo tra i mortali tutti
hai goduto la canzone delle sirene
e vissuto per raccontarne.
Tu hai fatto la tua volontà
con l'orgogliosa cima di Troia,
saccheggiato di Ilio il sacro tempio,
dominato la caduta città di Priamo,
rapinando le numerose
figlie dello sconfitto re.
Fu Nausicaa dalle bionde chiome,
gentile con te sulla riva di quel fiume
prima di guidarti alla
paterna magione dorata?

"Odysseo, hai adempiuto il tuo destino
e la volontà di Giove,
andando con vento inimico
a far guerra a Ilio.

"Ma qual era il mio destino?
Tessere la mia vita lentamente,
la mia bellezza e gioventù,
fino all'ora della morte oscura?
Passai mille notti sole,
sotto la luna piena,
presso la baia a falce,
maledicendo la bellezza d'Elena
e la mia stessa giovinezza, versando
lacrime salate nel salato mare.
Vent'anni son la vita di un cane
e il tempo per la beltà femminile

for the beauty of a young
woman in mint condition.
Helen has her beauty yet,
and her youth, Helen
for whose dubious virtue
many a son's mother
and a mother's son died.
Was every burnt mother and infant
in Troy guilty for Helen's
wantonness and for Paris's lust?
But Helen is half a goddess,
if half an adulteress.
She will live forever,
will be forever young,
the bastard daughter of Zeus.
Gods look after their own.
They stand up for adulterers.
Woe for Queen Clytemnestra, who
for her adultery so dearly paid."

And King Odysseus,
Laertes' royal son,
now spoke full with
righteous indignation:

"Woman! Dare you defend an adulteress,
and a king-killer to boot, who
with her two-faced pander of a man
drove her lord and king in ignoble death,
to the sunless world, felling him
like an ox feeding at the trough?
Nor would she close his eyes,
nor close his mouth, nor would pay
Charon the dread ferryman, his fare

di svanire anche
nel rigoglio della giovinezza.
Elena ancora ha la sua beltà
e la sua gioventù, Elena
per le cui dubbie virtù
molti figli di madre
e madre di figli morirono.
furono ogni madre e ogni infante
in Troia colpevole della dissolutezza
d'Elena e di Paride la lussuria?
Ma Elena è metà dea
anche se metà adultera.
Lei vivrà per sempre,
sarà per sempre giovane,
la bastarda figlia di Giove!
Gli dei proteggono i loro stessi.
Essi difendono gli adulteri.
Poverina Clitemnestra
che pagò con la vita il suo adulterio."

E il re Odysseo,
di Laerte figlio reale, parlò,
giustamente indignato:

"Donna, osi di difendere un'adultera,
e per di più l'ucciditrice di un re,
che con il suo doppio ruffiano
causò ignobile morte al suo signore e re,
cacciandolo nel mondo eternamente oscuro,
abbattendolo come un bue al mastello?
Lei che non gli chiuse gli occhi,
né la bocca, né pagò di Caronte,
il traghettatore terribile, il pedaggio

to ferry the soul over the marsh
of flowing sorrows."

And Penelope, Icarius' daughter,
queen of sad eyes, and of
sad voice, replied:

"She gave a daughter in sacrifice,
to buy an ill wind for a proud king,
that he may bring home an adulteress,
and bring home conquered king's daughters,
to lie with him in his soft bed.
And did not King Agamemnon
for the sake of one glancing-eyed girl
dishonor god Apollo and drive to distraction
Peleus' son, that Hector may triumph
over so many dead Achaeans and drive
their souls like dead leaves
to the house of Death?
And did he not dishonor his own
marriage vows, preferring her
to his own wedded wife?
But what have I to do
with that ill-fated queen?
No, I gave no daughter
for that ill wind, no daughter
of my womb, to buy back Helen of Argas
for her Lord, only twenty years of my life,
a small price for a big venture.
And if my marriage vows were defiled by my Lord and
my King, it was at least not with mortal flesh, but with
goddesses, nymphs, and sorcerers."

per il trasporto dell'alma
tra le paludi dolorose."

E Penelope, la figlia d'Icaro,
la regina dagli occhi tristi
e dalla voce triste, rispose:

"Lei in sacrificio diede una figlia,
per assicurare al prode suo re un favorevole vento,
per riportare in patria un'adultera
e le figlie di un re conquistato
per giacere con lui nel suo morbido letto.

E il re Agamennone non disonorò Apollo
per il fugace sguardo di una fanciulla
e causò distrazione al figlio di Peleo
e permise d'Ettore il trionfo su tanti Achei
le cui anime egli spinse,
come foglie morte,
agli inferi dei trapassati?
E non disonorò egli i voti maritali
preferendo lei alla sua sposa?
Ma che ho io da fare
con la sfortunata regina?
No! Io non donai una figlia
per quel vento nemico, né una
figlia del mio seno per restituire
Elena d'Argo al suo signore,
soltanto vent'anni della mia vita,
meschino prezzo per una grande ventura.
E se i miei voti nuziali furono profanati
dal mio signore e Re, ciò non fu
con mortali donne,ma
con dee, ninfe e maghe."

And Lord Odysseus,
the deep-lunged man
of battle, now raging:

"Now the weird is upon me!
Woman, dare you question the will
of Zeus and the immortal gods on high?"

And Penelope,
the deep-minded queen,
soft-spoken, now replied:

"Odysseus, gods often bid
men's fancy's bidding.
And you, alas, have been
too willing to obey.
The gods that have appeared to you
have been the messengers
of your own desires.
Gods know well how
to delude a willing man."

And Odysseus, light of councils:

"Nay! What I have done was
for no want of prophecy.
Zeus himself sent me
through his own royal bird,
and men keen at reading birdflight,
many an indisputable bird sign."

E il Signore Odysseo,
l'uomo dal profondo petto
in battaglia, ora urlando:

"Ora le cose strane mi accadono!
Donna, osi di dubitare la volontà
di Giove e degli dei immortali in cielo?"

E Penelope,
la pensierosa regina,
dalla voce soave, rispose:

"Odysseo, gli dei spesso favoriscono
degli uomini i fantastici sogni.
E tu, d'altronde, hai desiderato
troppo ansiosamente d'ubbidire.
Gli dei che ti son apparsi
non erano che i messaggeri
delle tue stesse voglie.
Gli dei conoscono bene l'arte di deludere
l'uomo disposto ad esserlo."

E Odysseo, il lume di consigli:

"No! Quel che feci
non fu per scarsità di profezia.
Giove stesso mi mandò,
per mezzo del suo uccello reale,
e degli uomini esperti nei loro voli,
molti indisputabili segni degli uccelli."

And Penelope, the witty queen:
"Odysseus! Bird signs are
for birds, not for men.
Was it the will of Zeus
or your greed and prurience
that led you to the Cyclops' cave,
for which your men perished?
Was it a god who commanded you
to blind Lord Poseidon's son,
to delay your homecoming,
and add to my lonely
years by half a score?
And did you not all but lose
your ship and your men
to your wanton Noman's bragging?
Must my beauty and youth pay
for your shipmates' unruliness,
wasting Lord Helios' peaceful kine,
Lord of the high noon,
while you took a midday nap?
Well they paid for it in salt blood,
but you were the brilliant one.
You were the grey-eyed Athena's
fair-haired boy, the one
who always got away.
You always had a patroness,
a goddess, a sorceress, a nymph.
And while your men were wasted
by the orb-eyed Cyclops and by Scylla,
the monster of the grey rock,
your fame grew allover
Hellas and midland Argos.

E Penelope, l'arguta Regina:
"Odysseo! I segni degli uccelli
Sono per gli uccelli non per gli uomini.
Fu la volontà di Giove
o la tua brama e prurigine
che ti condussero alla caverna del Ciclope
e alla perdita dei tuoi uomini?
Fu un Dio che ti comandò
di accecare il figlio di Nettuno,
di ritardare il tuo ritorno
e prolungare di dieci anni
la mia già solitaria vita?
Non quasi perdesti tu
la tua nave e tuoi uomini
coll'insensato millantare
del nome di Nessuno?
Devono la mia bellezza e gioventù
pagare per i tuoi indisciplinati uomini
che distrussero del Re Sole le quiete vacche,
Signore dell'alto mezzodì,
mentre tu ti eri appisolato?
Essi pagarono con amaro sangue
ma tu fosti l'eccezione.
Tu eri d'Atena dagli occhi grigi
il giovane biondo de belle speranze,
quello che sempre la sfuggiva.
Tu sempre avevi una patrona,
una dea, una ninfa, una maga.
E mentre i tuoi uomini erano distrutti
dal Ciclope coll'occhio a orbita
e da Scilla, il mostro della roccia nera,
la tua fama cresceva su tutta
Ellade e l'interno d'Argo.
E il tuo destino fu completo.

Your tale will be told in song
for many a generation to come.
As for me, I had no destiny.
I had to make myself a name,
the only way I knew how,
by kindling the fire of desire
in men whom I cared not to satisfy,
by weaving and unweaving
a death shroud amongst
the admiring lustful eyes
of the pride of Ithacan princes.
Yet though you would not grow
old, in Calypso's hollow caves,
where you enjoyed your cool nymph flesh,
my face and my eyes lost
their luster and their sheen,
by day and by night.
For twenty years I have had
a husband in name alone,
no husband of my bosom.
While you in your wayward ways
were nymphing and sorceressing,
these suitors were my only joy,
men to dress for, and shine upon.
A woman needs that. Twenty
years you have been gone,
twenty sad long years,
too long for loneliness,
too heavy for hope. Many
a night in my fancy's eye
I saw you standing in the door,
helmeted, lapped in gleaming bronze,
with a light hand on your spear,

La tua storia sarà cantata
per mille e mille generazioni future.
Io! Io non avevo destino!
Mi dovetti far da me un nome
solamente come sapevo,
attizzando il fuoco del desio
in uomini che non curavo di soddisfare,
tessendo e stessendo un lenzuolo di morte
sotto gli occhi ammiranti e bramosi
dei prodi principi d'Itaca.
E mentre tu non invecchiavi
nelle false caverne di Calipso,
dove tu godevi la freschezza della ninfa,
la mia faccia e miei occhi perdevano
il loro lustro e lo splendore
di giorno in giorno e di notte in notte.
Per vent'anni ho avuto
uno sposo soltanto in nome,
e non uno sposo in seno.
Mentre tu con i tuoi modi indocili
ti godevi le ninfe e le maghe,
questi ammiratori erano la mia sola gioia,
uomini per cui addobbarmi e su cui brillare.
Una donna ha bisogno di tal piacere.
Vent'anni sei stati via, vent'anni lunghi tristi,
troppi anni per solitudine,
anche troppi anni per speranza.
Per tante notti con i miei occhi sognanti
ti vidi alla porta, coll'elmo in testa,
fulgente in bronzo, con
la lancia nella mano leggera,

graceful as a young god,
and my heart leaped with joy.
But it was a cruel hoax,
worked by cruel gods.
That was a mistake, Odysseus,
appearing to me in rags
after so many years,
making yourself look
older than you were.
There was your one chance
to rekindle my youthful fire,
and my one chance for illusion,
and you ruined them both.
I saw it all from the start,
saw through the rags,
and through your scheming
mind plotting a dark hour
for the unmindful suitors.
And I had time enough, while
you plotted and you schemed,
to study your face, your
posture, and your ways.
And I observed and I compared.
I had married a young, handsome
prince, my girlhood husband,
had seen him off to a cruel war,
and now had kept a twenty-year-old vigil
for the homecoming of a broken old man,
who had appeared to me in rags,
still lusting for hot blood.
The terror I had suffered,
the cruel long years, first
wishing each day for your return,

bello come un giovane dio,
e il mio cuor balzava di gioia.
Ma era soltanto una crudele beffa
ordita dai crudeli dei.
Quello fu un errore, Odysseo,
apparirmi in stracci,
dopo tanti anni, mostrandoti
molto più vecchio del vero.
Quella era la tua unica opportunità
di riaccendere il mio giovanile ardore e la mia
unica opportunità per una nuova illusione,
e tu le hai distrutte entrambe.
Io vidi tutto dal principio,
riconobbi attraverso i tuoi stracci,
e attraverso gli intrighi della tua mente
che tramavi ore nere per i miei
non sospettanti ammiratori.
Ed ebbi tempo sufficiente,
mentre tu tramavi e preparavi
di studiare la tua faccia,
la tua posa, i tuoi modi.
E osservai e comparai.
Io avevo sposato un giovane principe,
bello, lo sposo della mia fanciullezza,
e l'avevo visto partire per una guerra crudele,
e avevo mantenuto una veglia di vent'anni
per il ritorno di un malridotto vecchi'uomo,
che mi apparve in stracci,
e ancora assetato di caldo sangue.
Il terrore che avevo sofferto
durante i crudeli lunghi anni,
prima anelando per il tuo ritorno

but fearing the news of your death;
then not knowing whether
you were dead, your body lying
on the dark earth at the sea's edge,
unmourned, unburied, fed by dogs
and carrion birds, your bones rotting
white in the rain, or tumbling
in the groundswell of the sea;
then not caring, tired of
not knowing, then wishing
you were dead, and wishing
to know you were dead, that I
may have a new beginning.
A woman's beauty and flesh,
unlike an old soldier's skill,
do not improve with time.
A woman has her season
and she must be consumed
before she is too ripe."

The knees gave under Odysseus,
the old soldier, breaker of men,
who had wrung manhood from
the knees of many; who amongst
all the Achaean host
that made war on Troy,
had not a rival
for steadiness
and a stout heart.
His heart sickened.
Now cried out in pain,
the great-lunged man of battle:

ma temendo la notizia della tua morte,
poi non conoscendo se tu eri morto,
il tuo corpo giacente sul nero suolo,
sulle rive del mare, senza il pianto di un caro,
insepolto, cibo di cani e avvoltoi,
le tue ossa marcendo nella pioggia,
o rotolando nei frangenti marini;
poi divenni incurante, stanca
di non sapere, poi desiderando
la tua morte, desiderando di sapere
che eri morto e che potessi
avere una nuova vita.
La bellezza e le carni di una donna,
a differenza della destrezza di un vecchio
soldato, non migliorano col tempo.
Ogni donna ha la sua stagione,
e ha bisogno di essere consumata
prima ch'è troppa matura."

Le ginocchia mancarono a Odysseo,
il vecchio soldato,
il domatore d'uomini,
quegli che aveva strizzato
virilità dalle ginocchia di tanti,
che in tutto l'esercito acheo
che fece guerra a Troia,
non aveva rivali
per saldezza e ardimento.
Il cuore gli s'indebolì,
gridò con pena,
l'uomo dal forte petto in battaglia:

"Lord Poseidon,
dread god of the sea!
Your might extends thus far,
even to this high mark
of stony Ithaca, to revenge
your son's blinded eye, and spoil
and old soldier's homecoming.
Has ten years of spinning
dark days for me
on the winedark sea
not been enough to pay
ransom for a giant's eye?

"Giving twenty years of my life
to fulfill the will of Zeus,
must I now come home
to a wife's ingratitude
under my own roof?"

And Queen Penelope,
queen of ivory arms,
queen of the busy loom, replied:

"Odysseus, what gods denied,
denied us both, life together
in our prime and full flower,
passing gracefully into age.
You have come home looking forth
to a mild death drifting
upon you from the sea.
You have had your youth
and now will have your age.
I have had neither youth,

"Re Nettuno,
tremendo dio del mare!
La tua potenza giunge fin qui,
sulle alture di Itaca pietrosa,
per vendicare di tuo figlio
l'occhio accecato e distruggere
di un vecchio soldato
il ritorno in patria.
Non son sufficienti dieci anni
passati ordendo per me
giorni neri sul nero mare
a riscattare l'occhio di un gigante?

"Dopo aver dato vent'anni di mia vita
per realizzare la volontà di Giove,
devo io, al mio ritorno in Patria,
soffrire l'ingratitudine della sposa
sotto il mio proprio tetto?"

E la Regina Penelope,
Regina dalle braccia eburnee,
Regina del presto telaio, replicò:

"Odysseo, quello che gli dei hanno negato
l'hanno negato a entrambi noi: la vita insieme
durante il primo fiore e a maturità,
e il trascorrer sereni gli anni.
Tu sei venuto agognando
una morte gentile alla deriva
verso te sui gentili flutti del mare.
Tu hai avuto la tua gioventù
e ora vivrai la tua età matura.
Io mai ebbi la mia gioventù

nor am ready for graceful age.
The joyless years you
and the gods spun for me,
have indeed been dark.
Helen of Argos lay half a score
of years in a seducer's bed,
and in her husband's the other half,
and she has her renown
and her inhuman beauty still.
She walks straight as a shaft
of gold, gracing the halls of
her dishonored Lord, the red-haired
King Menelaus of the great war cry.
But what have I, the faithful wife,
whose beauty has stood the siege
of two scores of lords and princes,
and even more cruel,
of twenty desolate years?"

And Odysseus,
the raider of cities,
the brave conqueror of Troy,
the great improviser, now spoke:

"But we have each other now.
I am the same Odysseus who left
for Ilion in a hollow ship.
I can still string my mighty
bow and whip an arrow through
twelve axe heads, shooting
straight to thread the iron."

né son pronta per l'età matura.
Gli anni infelici che tu
e gli dei hanno tessuto per me
son invero stati neri,
Elena d`Argo giacque dieci anni
nel letto del seduttore e dieci ancore
in quello del marito, e ancora
ha la sua rinomanza,
e la sua beltà divina.
Lei si avanza dritta come una
lancia d'oro, abbellendo le sale
del suo disonorato Signore,
il rosso-chiomato Re Menelao
dal possente grido in battaglia.
Ma cos'ho io, la fedele sposa,
la cui bellezza ha resistito gli assedi
di quaranta principi e signori,
e quel che è più crudele,
l'assalto di vent'anni desolati?"

E Odysseo,
il predatore di città,
il bravo conquistatore di Troia,
il grande improvvisatore, parlò:

"Ma noi oggi abbiamo l'un l'altro.
Io sono ancora lo stesso Odysseo
che parti per Ilio su una larga nave.
Io posso ancora tendere il mio arco
possente e scoccare una freccia
attraverso la testa di dodici scuri,
tirando diritto e infilare il ferro.

And Penelope, the wise queen:
"Aye, Odysseus! But I am not
the same Penelope who was left
behind by those same hollow ships.
I have lost gift of joy, and
have lost gift of laughter,
and have lost gift of sleep.
My blood has turned sickly cold;
my flesh has lost its bounce.
Will you have me go hot to bed
after twenty years of cold sheets?
Will you quicken in one night
twenty dead years of loss?
I lack the sorcerer's magic
and the nymph's knack.
The easeful gods, who live forever,
can have their eternal sport,
but men live and die in time;
in time women's beauty withers,
their hopes grow faint and die,
their skin turns sickly with waiting.
Will the immortal gods give me back
my faded beauty and youth?
Odysseus, the war the gods won
for you, Troy alone did not lose.
I, too, lost that war. I alone
came off with no prizes.
Aphrodite had her golden apple,
ox-eyed Lady Hera her revenge,
and Athena, the beautiful one,
the perfect one had hers too,
sporting with my queenly life.

E Penelope, la saggia regina:

"Oh sì, Odysseo! Ma io non
sono la stessa Penelope
lasciata sulla riva da quelle larghe navi.
Mi è stato tolto il dono della gioia,
ho perduto il dono del riso, e il
dono del sonno mi è stato negato.
Il mio sangue è divenuto malaticcio
e freddo, e le mie carni flaccide.
Ti aspetti tu, in vero, avvenni calda in letto
dopo vent'anni tra fredde lenzuola?
Potrai te ridar vita in una sola notte
ai vent'anni morti e perduti?
A me manca il magico della maga
e l'artificio della ninfa.
Gli dei bonaccioni che vivono per sempre,
possono avere i loro diporti eterni,
ma gli uomini vivono e muoiono nel tempo,
e nel tempo la beltà delle donne appassisce,
e loro speranze si dileguano e si spengono
la pelle si ammala coll'aspettare.
Mi ridaranno gli dei immortali
la mia svanita bellezza e gioventù?
Odysseo, la guerra che gli dei vinsero per te,
non fu soltanto da Troia, ma anche da me,
perduta. Io sola ne venni senza trofei.
Venere ebbe il suo pomo d'oro,
Regina Era dall'occhio di bue la sua
vendetta , e Atena, la bella,
la perfetta, ebbe la sua pure,
giocando con la mia vita di regina.

Now let Poseidon rule
the winedark sea, and
Zeus, the rainmaker have
his laughter in the clouds,
but mind me, now!
I will have my way!
Zeus will not have
his way with me, nor
Athena her gamesmanship!"

And Odysseus, the pious one,
who ever made libations to
the gods, and burned
thighbones of goats and cows
laid in fat, on their altars,
now replied:

"Queen and Lady!
These are wicked words to hurl
at mighty gods. Let Zeus be not
angry at us for this impiety!
Beware the wrath of Heaven's
dread king, lest he might wield
his lightning and strike!
Will you dare to match wit
and evasion with immortal gods?
But if gods must be left
out of our affair, so be it!
If you will not have me a king,
let me claim a husband's right,
and that of my son's father.
And if that should not move you,
let me be a beggar again, and
beggar to queen, let me

Lascia ora a Nettuno
il dominio del vinoso mare
e a Giove, il dio delle piogge,
le sue risate tra le nuvole,
ma attento a me, ora
l'avrò a mio modo!
Giove non la vincerà
con me, né Atena
mi farà i suoi giochetti."

E Odysseo, l'uomo pio,
che sempre offri libagioni
agli dei e bruciò cosce
di capre e di vacche avvolte
in grasso sui loro altari,
ora replicò:

"Regina e Signora!
Queste son parole maligne che scagli
agli dei potenti. Che l'ira di Giove
non sia con noi per questa tua empietà!
Bada alla collera del paventato Dio
dei cieli, per paura che egli
afferri un fulmine e colpisca!
Osi te paragonare astuzia e
sotterfugi con gli dei immortali?
Ma se gli dei devono esser esclusi
dai nostri affari, cosi sia!
Se non vuoi, avvenni come re,
lasciami affermare il mio diritto di sposo,
e quello del mio figlio il padre.
E se ciò non ti commuove, accordami
di essere un pezzente ancora,
e da pezzente alla Regina,

touch your knees and
be a suppliant on mine."

And Penelope,
the sad-eyed queen, heavyhearted,
now ceased at her loom:

"No, Odysseus!
Do not kneel! There is
no crossing this river now.
There lies too much blood between
us, too much estrangement,
too much nymph's flesh,
too much adultery,
though not mine.
Iphigenia's blood cries out
from the altar, a daughter
sacrificed by a father's hand;
and Queen Clytemnestra's blood,
shed by a god-ridden son, and
the blood of every mother
and of every son shed in
King Priam's burning city,
and the blood of all those
Achaean gentlemen with flowing hair,
who died on Troy's wide seaboard,
and the blood of my green suitors,
and the blood of my pink maids.
And King Agamemnon's tall shade
will nightly leave the sunless
house of Death, to lie abed
between man and wife, and
chill the hot blood of desire.
This much justice, Odysseus,

lasciami toccar le tue ginocchia
ed essere un supplicante sulle mie.

E Penelope,
la regina dagli occhi tristi e il cuor pesante,
cessò di tessere:

"No, Odysseo!
Non in ginocchio! Non c'è più
modo di guadare il fiume.
C'è troppo sangue tra noi,
troppo distacco,
troppa carne di ninfa
troppo adulterio,
per quanto non mio.
Il sangue di Epigenia implora
dall'altare, figlia sacrificata
dalla mano del padre;
e della regina Clitemnestra il sangue,
sparso da un figlio tormentato dagli dei,
e il sangue di ogni madre
e d'ogni figlio sparso nella
fiammeggiante città del Re Priamo,
e il sangue di tutti i chiomati achei,
dai capelli al vento, che morirono
sull'ampia sponda di Troia,
e il sangue dei miei giovani ammiratori
e il sangue delle mie rosee donzelle.
E la lunga ombra di Agamennone
lascerà ogni notte la scura
dimora della morte per giacer
nel letto, tra sposo e sposa,
per raffreddar la brama del caldo sangue.
Tanta è la giustizia, o Odysseo,

You will have from me,
and this much truth.
Though no husband-killer I,
yet I did admire that deadly queen's
courage and magnificent revenge,
and did mourn her woeful death,
forged by a son's hand."

And Odysseus, the guileful master,
cool-headed, quick, fair-spoken,
now replied with craft and gall,
still looking for a stratagem,
to storm this willful queen's citadel:

"But what will you do, Queen?
You have no more suitors to marry.
They are all quite dead,
soft men who had fancied,
to bed in a lion's den."

And you replied, Penelope -
O my magnificent queen -:

"Odysseus, now it is time
for you to learn that to lie
with in soft beds, women prefer
soft men. A warrior is good
at war, not in love.
And an old warrior is
so much the worse in both.
Let warriors lie with slave
girls, the prizes they have won.

che avrai da me
e tanta la verità.
Per quanto non ucciditrice di marito,
ammirò di quella mortale regina
il coraggio e magnifica vendetta
e lamentai la sua misera morte
ordita dalla mano di un figlio."

E Odysseo, lo scaltro maestro,
freddo, svelto, di parole chiare,
ora rispose con astuzia e fiele,
ancora in cerca di un piano per assalire
dell'ostinata regina la cittadella:

"Regina, che farai tu?
Non hai più corteggiatori da sposare.
Essi son morti, uomini soffici
che avevano sognato di farsi letto
nella tana di un leone."

E tu rispondesti, Penelope,
mia magnifica regina:

"Odysseo, è tempo per te d'imparare
che una donna quando vuole giacere
in un soffice letto, preferisce farlo
con un uomo soffice. Un guerriero
è grande in battaglia ma non in amore.
E un vecchio guerriero è
ancora peggio in entrambi.
Lasciati giacere con le schiave,
i premi delle loro vittorie.

And what will you do, King?
You who have lost your queen
to time, and your slave girls
to the pirate sea."

And Lord Odysseus, the brave
king, of the seed of Zeus, feeling
the fit coming upon him again,
now raged with dark anger:

"Woman, now you try my patience!
Beware an old man's rage!
The killing of your suitors
has not quite blunted my sword.
There is still some frolic left
in the old knife. Goad me
to the edge, and be you
ten times my son's mother,
it will not save you.
By Heavens! I have killed many
a son's mother in my days!"

And now Penelope,
the deep-minded queen,
looked up from her loom,
and faced the man she spoke to:

"I know! That too, Odysseus
has been on my mind. And
to little wonder, now that
even sons murder their mothers.
Who will decide which adulteress
shall live, and which shall die?

E che farai tu, o Re?
Tu che hai perduto la regina
al tempo e le tue schiave
al mare pirata."

E il Signore Odysseo, il valoroso re,
il seme di Giove, avvertendo
l'accesso d'ira sorgergli in seno,
irritato da furia tenebrosa:

"Donna, tu in vero tenti la mia pazienza!
Ti guardi dalla rabbia di un vecchio!
La strage dei tuoi corteggiatori non ha
smussato la mia spada.
C'è ancora gaiezza rimasta
in questa vecchia lama. Spingimi
all'orlo del dirupo, e sii tu dieci
volte di mio figlio la mamma,
ciò non ti salverà.
Per tutti i cieli! Nei miei giorni
ho trucidato tante madri dei figli!"

E ora Penelope,
la pensierosa regina,
sollevò lo sguardo dal telaio,
e fissando l'uomo a cui parlava:

Lo so! Questo pure, Odysseo,
mi è stato in mente. E
con poca meraviglia,
ora che i figli trucidano le madri.
Chi deciderà quale adultera
vivrà e quale morirà?

Helen still lives, whose inhuman birth,
when Zeus had his joy of
Leda, brought dark forebodings
for the days of my youth.
And Artemis, pure Artemis,
spares her still her shafts."

And now Odysseus was silent.
No treasure he had brought
from the long war and wandering,
could make up for his losses at home.
Neither cunning, nor craft, nor love,
could move this restive queen.
And there was no fear in her,
neither of man nor of gods. He
made one more desperate charge:

"But right or wrong, queen,
I have honored you, and
I have loved you."

And to this, O my queen, you replied:

"Odysseus, you have loved
the sea ways dearer than
you have loved wife and home.
And you have loved war
dearer than you have loved me.
You have loved plunder and
carnage better than plowing
a terraced land. Nothing you
can offer will move me now.
I have waited this long

Elena ancora vive, dagli inumani natali
quando Giove ebbe gioia di Leda,
portò tristi presagi ai giorni
della mia gioventù.
E Artemide, la pura Artemide,
ancora le risparmia i suoi strali."

E ora Odysseo era muto.
Nessun tesoro catturato nella lunga guerra
o durante il suo lungo errare
potrebbe rimediare le perdite in casa.
Non astuzia, né arte, né amore
potrebbe smuovere quest'ostinata regina.
Non c'era timore in lei,
né dell'uomo né degli dei. Disperato
egli tornò ancora una volta alla carica.

"Ma bene o male, o regina,
ti ho onorato e
ti ho amato."

E a questo, o mia Regina, tu rispondesti:

"Odysseo, tu hai amato
le vie del mare molto di più
che non la sposa o la casa.
E tu hai amato la guerra
più teneramente di me.
Tu hai amato saccheggi e
stragi più che arare
le aiuole dei tuoi campi.
Non offerta delle tue potrà
intenerirmi. Ho atteso fin'ora

to make my peace
with you, before I go."

And King Odysseus, light of councils,
wide-eyed and wide-mouthed,
now said:

"But where will you go,
obstinate, wretched queen?
Back to your lordly father's
home, without treasures,
without queenly honors?"

And to this, Penelope,
the attentive queen replied:

"No, it is not to my father's
home, I wish to return. Where
I am bound, I shall not need
treasures, nor queenly honors."

And Odysseus now thought
of King Agamemnon's admonition
on the sunless fields of asphodel,
that the day of faithful wives
was gone forever. He asked:

"Have you another suitor, Queen?"

And Penelope of ivory skin,
looking her lord boldly in the face:

"Aye!"

per far pace con te.
prima che vado."

E Re Odysseo, il lume dei consigli,
gli occhi spalancati e agape,
ora disse:

"Ma dove andrai tu,
ostinata, infelice regina?
Alla casa del signore tuo padre,
senza ricchezze,
senza gli onori reali?"

E a questo, Penelope,
l'attenta regina, rispose:

"No! Non alla casa di mio padre,
io desideri far ritorno. Dove son diretta
non avrò bisogno di tesori
né onori di regina."

E ora Odysseo ricordò
l'ammonimento di Agamennone
sui campi senza sole dell'asfodelo,
che i giorni delle spose fedeli
erano scomparsi per sempre. Chiese:

"O Regina, hai tu un altro corteggiatore?"

E Penelope, dalla pelle eburnea,
fissando fieramente il suo signore in viso:

"Sì!"

And Odysseus, the lost man,
feeling a sting deep in his marrow,
yet keeping his cool, pursued:

"A prince?"

And Penelope the iron queen replied:

"No, I have had enough
of kings and princes,
of captains and warlords,
of gods and mortal sons of gods.
No more princes for me!
No more men of destiny,
beloved or hated of the gods!
Give me a plain simple man,
a man I can call mine,
and never fear to lose.
Penelope is now for merriment,
to squeeze out some simple joy
from her remaining days."

And now King Odysseus rose,
looking godlike and erect,
with awesome terror in his face.
His words came cold and steady:

"King to Queen, one thing
I must know, Lady!
Has any soft man slept
in my iron bed and lain
beside my queenly wife?"

E Odysseo, l'uomo perduto,
accusando una fitta nell'intimo del midollo,
ma mantenendo la sua calma, continuò:

"Un principe?"

E Penelope, la regina di ferro, rispose:

"Ne ho avuto abbastanza
di re e principi,
di capitani e guerrieri,
di dei e figli mortali dagli dei.
Non più principi per me!
Non più uomini di destino,
amati o odiati dagli dei!
Dammi un semplice, ordinario uomo,
un uomo che io possa chiamar mio
e mai aver paura di perdere.
Ora Penelope è avida di piacere,
per spremere un po' di gioia sincera
dal resto dei suoi giorni."

E ora Re Odysseo si erse,
fiero come un dio e diritto,
con tremendo terrore nell'aspetto.
Le sue parole uscirono fredde e ferme:

"Da Re a Regina, o Signora,
una cosa devo sapere.
Ha alcun soffice uomo dormito
nel mio letto del ferro e giaciuto
accanto alla reale mia sposa?"

And to this you replied
Penelope O my playful queen-:

"Why, will you kill him too?
Have you not had enough of killing?
Can there be no quittance
for you but by death?
Must you ever speak to men
through votive blood?
If you kill him, kill me too!
And give us both a tomb together,
as merciful Orestes did with
his mother and her soft man."

And now godlike Odysseus,
Laertes' royal son,
of the seed of Zeus,
took a mighty oath:

"I swear by the nine rings
of the river Styx, and by the eternal
marsh of flowing sorrow, an oath
that even gods cannot forswear,
that I will not touch him,
should there be such a man,
nor will I spill your blood.
But, Queen, I must know!"

And you replied, O my queen:

"Then put some heart into you,
Odysseus, and nerve yourself!
For I will tell you! Then
we shall see, whether you

E a questo tu rispondesti,
Penelope, mia giocosa regina:

"Perché? Spegnerai anche lui?
Non sei tu sazio di uccidere?
Non e possibile per te
aver ricompensa che con morte?
Non parlerai agli uomini
altro che tramite sangue votivo?
Se uccidi lui, uccidi anche me!
E poni entrambi nella stessa tomba
come il pietoso Oreste fece
per la madre e il suo tenero amante.

E ora il semidio Odysseo,
di Laerte figlio reale,
della stirpe di Giove,
pronuncio un giuramento immane:

"Giuro per i nove anelli
del fiume Stige, e per eterna palude
del fluente dolore, un giuramento
che neanche gli dei potranno spergiurare,
che io non lo toccherò,
se un tal uomo esiste, e che
io non spargerò il tuo sangue!
Ma Regina, devo sapere!"

E tu rispondesti, o mia regina:

"Allora fatti coraggio, Odysseo,
e controlla i tuoi nervi,
perché io te lo dirò.
Poi vedremo se tu

who could stand your ground
in war, can now stand your ground
in peace, with no more killing.
Killing is a wartime business,
and odious even at that. Of
the twenty years you were gone,
I spent ten years in tears,
while you gave battle on
Troy's wide seaboard. Then
came news of the city's fall,
and I waited for three years
in joy and in hope for my
triumphant lord's return.
Three more years I spent in fear,
while you made your passage home.
Warrior after warrior returned,
lord after lord, but my own
true Lord and King never came.
I listened to many a wandering sailor,
from many a wayward ship, gave my ear
to any man who had a tale to tell, for a
free meal and a spread of sheepskin.
And I heard many a tall tale.
One man had you tied down to Egypt
on a windless sea; another in thralldom
to the nymph Calypso, in her cool caves;
a third man put you on Circe's island,
in the middle of the running sea, then
in Circe's flawless bed of love;
a fourth man saw you with the Cyclops,
in his bloody feast of men, then had you
free, boasting on the winedark sea, while
the blinded giant threw mountains at you;
a fifth swore you came to grief, and

che tenesti duro in guerra,
potrai tener duro in pace,
e non far più stragi.
Uccidere appartiene alla guerra,
ed è odioso anche in essa.
Dei vent'anni che tu stesti lontano,
io ne passai dieci in pianto,
mentre tu guerreggiavi
sull'ampia sponda di Troia.
Poi la notizia giunse della sua caduta
ed io attesi tre anni con gioia
e speme, per il trionfale
ritorno del mio Signore.
Guerrieri ritornarono, l'uno dopo l'altro,
signori dopo signori, ma il mio
vero Signore e Re mai venne.
Diedi ascolto a molti vaganti marinai,
provenienti da navi di distanti rive,
prestai orecchio a ogni uomo
che aveva una novella da dire
per un po' di cibo in dono
e un vello per coperta.
E udii molti fantastici racconti.
Un uomo ti riporto prigioniero in Egitto
su un mare senza vento, un altro in balia
della ninfa Calipso, nelle sue fresche cave;
un terzo disse che eri sull'isola di Circe,
in mezzo al violento mare, e poi
sull'impeccabile letto d'amore di Circe;
un quarto ti vide con il Ciclope
durante il sanguinoso ingoiare dei tuoi uomini,
e poi ti vide libera, millantando sul ceruleo mare,
mentre il cieco gigante ti gettava montagne;
un quinto giuro di averti visto disperato

perished with your men at sea, your bones
picked quite clean by some freeloading fish;
a sixth reported you in the house of Death,
hectoring it over marrowless shades of the dead.

At last I grew weary of the tales,
and closed my ears and my doors
to the yarns of men. I spent
the next three years in despair,
cursing Helen's beauty and my fate;
lost all joy in the affairs of men,
not caring whether I should live or die.

Nineteen years in all I gave you;
but this last year has been my own,
to give or do as I please,
since that fated day last summer,
when a strange ship put in at Argos harbor,
blown in by an indifferent wind,
and put a stranger ashore, who came
to my closed door a suppliant,
begging for a look at the queenly face
of King Odysseus' mythic wife.
He was a young man scarce bearded,
scarce older than my own true son,
Telemachus, blue of eyes and fair of hair,
with the radiance of a young god upon him,
with a look distant as a young god's.
Indeed, had I a mind to I could have
been persuaded that he was a god,
perhaps, Apollo of the silver bow,
come to save me from my wretched state,
or Zeus on one of his outings,
spinning dark days for another Troy.

e perire con tutta la tua ciurma in mare
e le tue ossa spolpate nette da pesci affamati;
un sesto ti riporto nella Casa del Morte,
spadroneggiando con le ombre dei morti.

Infine io divenni sospettosa dei racconti,
chiusi le mie porte e gli orecchi
alle storie di quegli uomini. Trascorsi
i prossimi tre anni, disperata,
maledicendo la bellezza d'Elena e il mio fato;
avendo perduta ogni gioia per gli uomini,
non curando se dovessi vivere o morire.

Diciannove anni ti diedi in tutto;
ma quest'ultimo è stato interamente mio,
di fare e dare a mio piacere, da quel
giorno destinato dell'estate scorsa,
quando una strana nave entra nel porto d'Argo,
sospinta da vento contrario, e uno straniero
scese a terra e venne alla mia porta chiusa,
supplicando di poter guardare in viso
la mitica sposa del Re Odysseo.
Egli era un giovane uomo, con appena
un po' d'incipiente barba, appena più
vecchio del mio stesso figlio, Telemaco,
con occhi blu e di capelli biondi,
risplendente come un giovane dio,
con lo sguardo assente di un giovane dio.
Invero, ci avessi pensato, sarei
potuta essere persuasa che era un dio;
forse Apollo, dall'arco d'argento,
venuto a salvarmi dal mio miserabile stato;
o Giove in una delle sue gite,
ordendo giorni oscuri per un'altra Troia.

But I went for the man,
who said he was no god,
nor mortal son of god,
nor prince, nor sea-faring
man, but a plain rustic
from sandy Pylas, a keeper
of vineyards, who plowed
a terraced plot, on a land
kind with grain, under
the wooded mountain.
And we let it go at that.
He stayed with me a night,
and we loved and he left.
But we swore a solemn oath,
that dead or alive, I would give
Odysseus another weary year, that
in a year's time my rustic would
return and take me, to his vineyard
under the wooded mountain. It is
he who now has my heart,
and I his, who swore has
known no other woman.
He is not much of a man.
No warrior he. He will not
Pass the test of the bow,
nor make the needle shot.
But for loneliness he will do.
He is a simple man, but
he is no coward, and no fool.
His laughter gives joy,
his love comfort and assurance.
With him I mean to
make a new beginning.

Ma io èro per l'uomo, che
mi disse di non essere un dio,
né un mortale figlio di dio,
né principe, né navigatore,
ma un semplice campagnolo
della sabbiosa Pilo, coltivatore
di viti, che arava un campo a terrazze,
una terra fertile di grano,
protetta da ombrose montagne.
Noi lasciammo le cose andar così.
Restò con me una notte,
ci amammo e riparti.
Ci giurammo un solenne
giuramento, che io darei,
vivo o morto, un altro anno
a Odysseo, che il mio campagnolo
sarebbe tornato in un anno,
e mi avrebbe condotto nel suo vigneto,
sotto la montagna ombrosa.
Quello è l'uomo che ora ha
il mio cuore ed io il suo,
che mi giurò di non aver
conosciuto altra donna.
Non è molto un uomo.
Non è guerriero. Fallirebbe
la prova dell'arco
e quella della freccia.
Ma contro la solitudine andrà bene.
Egli è un uomo semplice,
pero non è codardo, né folle.
La sua risata dà gioia, il suo
amore conforto e sicurezza.
Con lui intendo
ricominciare di nuovo.

You have slaughtered
the suitors in vain."

And now King Odysseus,
light of councils,
master mind of war,
dreaded by men, and
beloved of the gods,
raised his hands in despair,
and called upon lordly Zeus:

"King of gods and of men! Lord
of high Heaven and dread thunder!
I have sworn a mighty oath
not to bring this man to book,
nor spill this woman's blood,
but you who rule the clouds
and wield the fearsome thunderbolt,
will you suffer that a sceptered
king, who has ever served your will,
be so basely abused. Oh that
I should lose my wife and my
queen to such a scapegrace,
a green rustic of a boy,
unbearded, a young buck
of a vineyard keeper!"

And Penelope of the milkwhite arms,
Icarius' daughter, now rose tall,
with the pride of womanhood on her,
a moving grace,
and said:

Invano uccidesti
i miei ammiratori!

E ora il Re Odysseo,
il lume dei consigli,
il grand'ingegno di guerra,
temuto dagli uomini
e amato dagli dei,
disperato alzò la mano
e implorò Giove maestoso:

"Re degli dei e dei mortali,
Signore dei cieli e del pauroso tuono!
Pronunciai un solenne giuramento
di non punire quest'uomo,
o sparger di questa donna il sangue.
Ma tu che regni sulle nuvole
e impugni i paurosi fulmini,
permetterai che un re scettrato,
che ha fedelmente servito la tua volontà,
di esser così bassamente abusato.
O che io debba perder
sposa e regina a tal scapestrato,
un verde contadino, un giovanetto
imberbe, un puledro,
coltivatore di un vigneto!"

E Penelope, dalle braccia lattee,
figlia d'Icaro, si erse alta,
coll'orgoglio di matura donna,
la grazia della femminilità in moto,
e disse:

"Spare the wrath of
your gods, my King!
You shall find they
have no power over
me and my rustic man.
Those who have nothing to
give, have nothing to fear.
If it is any comfort to you,
I will own this much:
You have lost me, not
to a better man, but
to a younger and humbler.
Women ask not for much
to be made happy."

And now King Odysseus'
brave heart broke.
And broke the spirit
in the greathearted man.
Down to his knees he went,
covered his face in his
mighty hands, and wept.
He in bitter grief had found
that what gods of heaven bid,
daughters of men do not approve.
Odysseus had been defeated
not by immortal gods,
nor by mortal sons
of men, but by time.

Long he sat thus, the defeated
king, and mused; long after
the light had gone under
the dark world's rim;

"O mio Re! Risparmia
l'ira dei tuoi dei!
Vedrai che essi
non hanno poter su me
o sul mio contadino.
Quelli che hanno nulla da dare
hanno nulla da temere.
Se t'è di alcun conforto,
confesso questo solo:
Mi hai perduto, non
a un migliore uomo, ma
a un più giovane e più umile.
Donne non chiedono molto
per esser fatte felici,"

Ora il forte cuore d'Odysseo
si spezzò, e con esso
si spezzò lo spirito
dell'uomo dal cuore grande.
Cadde sulle ginocchia,
si coprì il viso con le
potenti mani e pianse.
Nel dolore amaro scoprì
che i comandi degli dei in cielo
le figlie degli uomini non approvano.
Odysseo non fu sconfitto
dagli dei immortali,
né da figli degli uomini mortali,
ma dal tempo.

A lungo rimase il Re
accasciato, e meditò;
lungo dopo il tramontar del sole
sotto l'orlo oscuro della terra;

long after the Queen,
Penelope of the milkwhite
arms had departed; long
after Prince Telemachus,
the King's own true son,
lay up indoors, daydreaming
of his great father, the
strong Odysseus he had
so bitterly needed so long.
And then the greathearted man
remembered that his years of toil
were not yet at an end; that
the reckoning had not yet
been paid in full; that his
destiny was not yet fulfilled.
Lord Poseidon, the blue-maned god
of the sea, had yet to be appeased.
He recalled old seer Teiresias'
prophecy, and the immortal
gods' last bidding:
that he should take an oar
and trudge the wide mainland,
until he reached a place
where men had never known
the dark blue sea, nor
sea-going ships, nor tasted
the flavor of salt meat,
until a passerby would say,
'Is that a winnowing fan on
your shoulder, strange sir?'
There he would plant the oar,
and make libation, and fair
sacrifice, to Lord Poseidon,
the god of the sea.

lungo dopo che la Regina,
Penelope dalle braccia
lattee, lasciò la casa;
lungo dopo il principe Telemaco,
del Re vero e unico figlio,
si ritrasse nella reggia, sognando
del suo grande padre, il forte Odysseo,
che egli aveva così amaramente
desiderato per tanti anni.
E allora l'uomo dal cuore immenso
ricordò che i suoi travagli
non erano finiti, che i suoi debiti
non erano pagati a pieno, che il suo destino
non era stato ancor compiuto.
II Re Nettuno, dalla cerulea chioma,
non era ancor placato.
Ricordò del veggente Teresia la profezia,
e degli immortali dei lo ultimo comando:
che egli dovesse portare
un remo e camminare
a fatica nella terraferma larga,
fin a raggiunger un luogo
dove uomini mai videro
l'oscuro blu mare,
né le navi d'alto mare,
né mai sentirono il sapore
di carne salata,finché uno
straniero non chiedesse:
"È sulla tua spalla un vaglio
per spulare, mio strano signore?"
Lì egli dovrebbe infiggere il remo in terra.
libare agli dei, offrir giusti sacrifici
a Nettuno, Dio del mare.

And with this, King Odysseus,
Lord of Penelope,
left his hall,
and his queen,
and his heartache,
and struck out alone,
again, to look for an oar.

E con ciò, il Re Odysseo,
Signore di Penelope,
dipartì la reggia,
e la sua regina,
e la sua spina nel cuore,
e partì difilato, solo di nuovo,
in cerca di un remo.